AF382891

BUSINESS MODEL CANVAS

Élaborer une stratégie de développement

Par Magali Marbaise

50MINUTES.fr

50MINUTES.fr

DEVENEZ UN PRO
EN BUSINESS !

BUSINESS MODEL CANVAS

- **Dénomination(s) ?** Business Model Canvas, BMC.
- **Usage(s) ?** Véritable outil stratégique, le BMC sert à conceptualiser de nouveaux business models ou à en challenger d'anciens. Il permet d'orienter les décisions concernant le lancement d'un produit, d'une start-up ou encore d'un nouveau processus grâce à la mise en évidence de la valeur et du cœur d'activité de l'entreprise qui en fait usage.
- **Raisons de son efficacité ?** La simplicité et la clarté de la proposition visuelle de l'outil le rendent facile à manipuler seul ou en équipe.
- **Mots-clés ?**
  - <u>Business model</u> : modèle par lequel une société de crée de la valeur. Via une stratégie de développement de l'activité principale, la valeur doit se traduire par des retombées financières pour l'entreprise à la hauteur de la satisfaction client.

- Business plan ou plan d'affaires : projection chiffrée souvent formalisée sur papier qui rend compte de cette stratégie en s'appuyant sur des analyses du marché et des données rigoureusement rassemblées et étudiées.
- Canevas : trame, schéma regroupant de façon structurée un ensemble d'éléments.

Vous rêvez de monter votre société et cherchez à rendre viable une idée révolutionnaire à forte valeur ajoutée ? Vous êtes chef d'entreprise et souhaitez la redynamiser, y insuffler du changement ou encore conquérir de nouvelles parts de marché ? Pour atteindre pareil objectif, il vous faut avant tout comprendre en profondeur comment fonctionne votre entreprise, comment elle génère de la valeur et quels leviers de croissance il convient d'enclencher. Le Business Model Canvas peut vous aider dans cette démarche !

Développé par Alexander Osterwalder (théoricien autrichien, né en 1974) dans son livre coécrit avec Yves Pigneur (informaticien belge, professeur à HEC à Lausanne, né en 1954) *Business Model Generation* (2010) devenu aujourd'hui un véritable best-seller, cet outil stratégique à destination des entrepreneurs – mais pas exclusivement – a pour ambition de transformer leurs idées en projets innovants et compétitifs sur le marché. Pour ce faire, les auteurs invitent chaque entreprise qui en fait usage à réfléchir à la valeur qu'elle crée à la fois pour les clients et pour elles-mêmes. Ce modèle est particulièrement adapté aux personnes évoluant dans de petites entreprises, ou start-up, dont la structure n'est pas fortement hiérarchisée : ce canevas propose en effet une approche plus systémique que la plupart des modèles traditionnels en articulant les différentes composantes de l'entreprise.

DÉFINITION DU MODÈLE

Selon les créateurs de la méthode, ce canevas permet à « [...] une organisation [de] crée[r], délivre[r] et capture[r] de la valeur » (*Business Model Generation*, p. 14). Rien de moins !

Le BMC s'inscrit dans la tendance *visual & design thinking*, c'est-à-dire qu'il permet, par son procédé non linéaire, de créer un système visuel accessible, lisible et compréhensible par tous. Ce canevas est un support grâce auquel les entrepreneurs réfléchissent et construisent leur modèle économique sur une seule et unique page : ils organisent facilement leurs idées sur le « gabarit » à cases, pour passer plus rapidement – et efficacement – à l'action. Le fait d'offrir une vue d'ensemble aux modèles en construction favorise la définition claire des priorités, des plans d'action concrets à mener ainsi qu'une approche créative et adaptable, ce qui simplifie grandement l'élaboration future d'un plan d'affaires. Cet outil améliore également les échanges avec les clients et donne un vrai coup de booste à la communication entre collaborateurs.

THÉORIE – PRÉSENTATION DU CONCEPT

Toute société rêve de détenir les clés de la réussite, et plus elles seront simples, mieux ce sera ! Bien que ce canevas ne prenne pas réellement en compte l'aspect purement concurrentiel, il n'en reste pas moins très intéressant, pratique et accessible à tous.

LES NEUF CASES DE L'OUTIL

Concrètement, cette matrice se compose de neuf blocs interdépendants qui traduisent l'ensemble de l'activité d'une société :

- les activités clés ;
- les partenaires clés ;
- les ressources clés ;
- la segmentation des marchés ou de clientèle ;
- les canaux de communication ;
- la relation client ;
- le produit ou la proposition de valeur ;

- la structure des coûts ;
- les flux de revenus.

Clairement différenciées et identifiées, les cases sont disposées sur le canevas de façon précise et étudiée. Cet agencement crée des synergies entre elles et de celles-ci émerge une stratégie unique pour chaque entreprise qui tente l'exercice.

Business Model Canvas

Structure des coûts	Flux de revenus
Partenaires clés	
Activités clés	Ressources clés
Proposition de valeur	
Relation avec les clients	Canaux de communication
Segments de clientèle	

La création de valeur

Structure des coûts	Flux de revenus
Partenaires clés	
Activités clés	Ressources clés
Proposition de valeur	
Relation avec les clients	Canaux de communication
Segments de clientèle	

- **Les activités clés.** Les activités clés sont essentielles à l'entreprise, puisqu'elles délivrent par leur réalisation une proposition de valeur aux clients, ce qui indirectement génère un revenu. Celles-ci varient selon le type de modèle économique. Une société d'assurances aura, par exemple, pour activité clé la protection des avoirs du client ainsi que leur dédommagement en cas de pertes ; un hôpital prendra en charge la santé des patients. Selon Alexander Osterwalder, on peut classer les activités dans trois catégories différentes :

- celles directement en lien avec la fabrication d'un produit ;
- celles qui chercheront à mettre au point des solutions (services) pour répondre aux besoins des clients ;
- celles qui passent, en tout ou en partie, par le réseau internet (sites de vente en ligne ou banques par exemple).

- **Les partenaires clés.** L'adage « il y a en plus dans deux têtes que dans une » est universel et trouve un écho singulier dans l'univers professionnel, au sein de nos entreprises. Avoir et entretenir de bonnes relations avec des partenaires compétitifs et fiables – rigoureusement sélectionnés – renforce la position qu'occupe l'organisation au sein de son marché, en donnant du poids au modèle économique. La nature des partenariats dépend des objectifs poursuivis par l'entreprise :
  - sous-traitance pour favoriser l'économie d'échelle ou recentrer ses activités ;
  - fusion pour réduire le risque et l'incertitude liés à l'environnement concurrentiel ;
  - acquisition de certaines ressources et activités qui permet de « délocaliser » certaines

activités dans d'autres entreprises. Par exemple, une société d'assurances qui fait appel à un bureau d'expertises externe pour régler des sinistres.

Il existe différents profils de partenaire clé. Que ce soit une société ou un individu, l'important c'est qu'ils apportent une aide, un conseil, etc. qui facilitera le développement de l'entreprise : banques, investisseurs, associés, fournisseurs, voire des clients mais également des concurrents.

- **Les ressources clés.** Elles constituent les avoirs de l'entreprise, ce sur quoi elle s'appuie et qui lui permet d'assurer son activité économique, soit la bonne réalisation de sa chaîne de valeur. Il existe donc une certaine interdépendance entre la santé de la société – tant sur le plan financier qu'humain, intellectuel (brevets, etc.) ou matériel – et les ressources disponibles pour (re)lancer une proposition de valeur. Suivant cette logique, une société de type PME profitera de la taille humaine de son équipe (ressources humaines) pour privilégier la prise de contact régulière et humaine avec le client. Une entreprise informatique préférera par contre se concentrer sur des ressources matérielles telles que des processeurs, des refroidisseurs ou encore des entrepôts, pour renforcer sa proposition de valeur.

- **La segmentation des marchés ou de clientèle.** La majorité des entreprises doit sa prospérité à sa clientèle, vecteur majeur de nombreuses activités économiques. Il est donc important de bien la connaître, de cerner ses attentes et de lui proposer une offre qui réponde au mieux à ses besoins. À partir de ceux-ci, l'organisation établit des segments de clientèle aux besoins homogènes et choisit quels groupes cibler en particulier.

COMMENT DÉFINIR LES SEGMENTS ?
LESQUELS FAUT-IL CHOISIR ?

Il existe différents types de segments de clientèle tels, par exemple, le marché de masse, le marché de niche, le marché diversifié, etc. Selon le type d'activité choisi, les capacités financières et la réalité économique, l'entreprise ciblera l'un ou l'autre segment. Un restaurant haut de gamme cherche à toucher essentiellement une clientèle aisée alors qu'une brasserie propose, *a priori*, une carte plus accessible (sauf si elle a la volonté de proposer quelque chose de différent et de viser un autre type de clientèle, elle doit alors jouer sur d'autres configurations, proposer des vins plus luxueux par exemple, et mettre ce choix en avant dans sa communication). Le choix du segment peut également se baser sur des critères de géolocalisation : l'établissement d'un restaurant haut de gamme semble plus approprié à certains endroits qu'à d'autres (au centre-ville ou à la campagne).

- **Les canaux de communication**.
  - Les canaux de communication sont les flux par lesquels les offres de propositions de valeur parviennent aux clients. La publicité, les réseaux sociaux, etc. constituent des « interfaces » déterminantes entre l'entreprise et les clients.
- **La relation client.** L'optimisation de la relation client est le cheval de bataille de toute société. Soigner ses rapports avec les consommateurs des propositions de valeur revient à privilégier leur fidélité et donc à garantir, d'une certaine

manière, la pérennité de l'entreprise. Une relation se construit au fur et à mesure des prises de contact entre le client et le produit/service/entreprise, que ce soit via la consommation/l'expérience en tant que telle ou lors de l'exposition au discours marketing de l'offre. Chaque entreprise se doit dès lors d'établir de manière concrète la politique par laquelle elle définit sa relation client actuelle et future. Cette relation peut être de plusieurs types, allant de la plus personnalisée au *self-service* en passant par la standardisation.

- **Les propositions de valeur.** Les propositions de valeur sont, en réalité, les services ou produits que l'entreprise propose – vend – à sa clientèle.

Qu'est-ce que la valeur ?

La valeur est ce qui va permettre d'élargir, de conquérir et de fidéliser la clientèle en quête de plus-value : rapport qualité-prix, marque, qualité du produit-service et efficacité. Il est donc important, pour de se rendre compte de cette valeur, de connaître les besoins satisfaits, mais surtout les besoins qui restent insatisfaits, sur le marché, et d'analyser ce qui est offert par la concurrence.

L'équilibre financier

Structure des coûts	Flux de revenus
Partenaires clés	
Activités clés	Ressources clés
Proposition de valeur	
Relation avec les clients	Canaux de communication
Segments de clientèle	

- **La structure de coûts.** De nombreux points évoqués, et combinés dans le modèle économique en lui-même, avalent et génèrent des coûts (la publicité en est un bon exemple).
- **Les flux de revenus.** Dans cette case se placeront les réponses aux questions suivantes : quelles sont les sources de revenus ? Quel prix

les clients sont-ils prêts à payer et pour quelle formule ? Générer des flux de revenus est donc capital, puisque la survie de toute l'entreprise en dépend. Parmi les offres les plus répandues, on retrouve la vente de biens, le droit d'usage (on paie à l'utilisation), les abonnements, la location/le prêt, etc. Au-delà de ces rentrées financières issues de la relation B-to-C, il ne faut pas négliger celles qui proviennent des partenariats B-to-B, tels que la publicité et le sponsoring.

MISE EN PRATIQUE DU CONCEPT

CONSEILS ET *BEST PRACTICES*

Organiser un *workshop* BMC

Comme évoqué précédemment, ce modèle s'inscrit dans une logique interactive : les parties prenantes d'une société se mettent à table, tracent la matrice sur une grande feuille de papier – qu'ils placent au mur ou au milieu de la table –, discutent, interagissent et « collent » leurs idées sur le modèle. La méthode des Post-it®, suggérée par Alexander Osterwalder, apparaît très efficace dans ce contexte de réflexion de groupe : on peut les enlever, les remettre, les déplacer, suivant le fil de la discussion et les points soulevés. Au cours du *workshop*, le Business Model Canvas ne reste pas « figé », mais, au contraire, se construit « Post-it® par Post-it® » (*Business Model Nouvelles Génération*, p. 150), puisque :

- vous réfléchissez activement à ce que vous devez placer dans chaque bloc du modèle, en vous posant une série de questions. Pour la proposition de valeurs par exemple, il sera intéressant de s'interroger sur la valeur que vous apportez au client, sur le problème que vous leur proposez de résoudre, sur les besoins auxquels vous répondez, etc. Poussez votre réflexion au maximum ;
- vous partagez vos réflexions avec vos collègues et organisez simultanément vos idées, chacun étant muni d'un bloc de Post-it® et d'un feutre. C'est en lançant des idées et en gribouillant des brouillons que s'élabore le modèle économique selon cette démarche. L'idée directrice : la simplicité stimule la créativité. Le but est également d'impliquer les collaborateurs à tous les niveaux de l'entreprise.

Enfin, n'oubliez pas de tester régulièrement votre modèle. Émettez des hypothèses, celles-ci vous permettent de l'affiner au fur et à mesure de l'évolution de l'entreprise.

Pour créer et implémenter un nouveau business model, Alexander Osterwalder et Yves Pigneur proposent d'opérer en cinq phases :

- **mobiliser** en définissant les objectifs précis du projet, en testant les premières idées, en planifiant le projet et en mettant sur pied une équipe composée de personnes aux profils variés, expérimentés et enthousiastes ;
- **comprendre** via des études de marché et des analyses transversales ;
- **concevoir**, ce qui implique qu'il faut explorer, tester et se débarrasser des idées préconçues qui nous réconfortent mais nous empêchent de voir les choses autrement ;
- **déployer** en exécutant un business plan ainsi qu'un plan financier ;
- **gérer** en réalisant au jour le jour un suivi rigoureux afin de pouvoir ajuster, voire éventuellement repenser le modèle économique.

Recommandations express

Lorsqu'un dirigeant songe à repenser le business model de son entreprise, il doit toujours :

- s'assurer que sa démarche est légitime, pertinente et cohérente ;
- prévoir une participation active de tous les niveaux de l'entreprise pour dégager une vue globale et éviter une éventuelle résistance aux changements ;
- faire appel à un médiateur impartial qui puisse animer les discussions et challenger les personnes qui prennent part à la discussion ;
- faire le bilan par rapport à ce qui existe déjà pour pouvoir définir s'il faut faire table rase du passé ou pas ;
- déterminer des responsables qui suivent le projet pour garantir la bonne transition lors de l'implémentation des nouvelles *guide lines*.

ÉTUDE DE CAS

Intéressons-nous au cas d'une librairie de type généraliste, qui vend aussi bien des romans, des livres d'art ou musicaux que des livres scolaires et scientifiques. Cette dernière est réputée pour la qualité de ses conseils en littérature, mais également pour son large catalogue de livres scolaires et universitaires.

Le secteur du livre ayant connu de nombreuses évolutions au cours de ces dernières années – dont celle de la vente en ligne –, les librairies sont de plus en plus désertées. Outre ce constat, le point de vente qui nous intéresse subit également une rude concurrence : on compte en effet plusieurs librairies dans un périmètre restreint et chacune d'elles tente de tirer son épingle du jeu en se diversifiant, ou en se spécialisant. Concrètement, la librairie voit arriver une concurrente directe sur le marché des livres scolaires. Il est donc temps pour elle de réétudier son modèle économique afin de ne pas fermer boutique.

Le gérant de la librairie décide de revoir son business model et convoque son personnel (le chargé de communication, la comptable, les libraires, les personnes chargées de la réception, etc.) pour faire le point. Ensemble, ils doivent se poser toute une série de questions afin de remplir le canevas et d'actualiser le business model en place. Il est important de signaler ici que l'on peut commencer le modèle par n'importe quelle case.

Alexander Osterwalder met en garde contre certains écueils :

- avoir peur des idées trop audacieuses au point de les mettre systématiquement de côté. Si celles-ci génèrent potentiellement plus de risques, elles sont également souvent plus intéressantes. Attention, cela ne veut pas dire qu'il faut les valider sans réfléchir plus avant. Elles pourront par exemple être testées dans un premier temps, puis ajustées et adaptées si elles rencontrent un certain écho ;
- faire automatiquement table rase du passé, car tout n'est peut-être pas à balayer ;
- exclure certains membres de l'équipe, car c'est du partage qu'émergent souvent les meilleures idées ;
- privilégier le court terme. Comme pour toute conception de modèle économique, voir sur le long terme limite les risques.

Analyse de l'ancien business model

Au fil des discussions, le canevas se remplit révélant une vision globale de l'état actuel des choses avec les forces et les faiblesses que comporte le business model actuel.

Structure des coûts
Commandes auprès des fournisseurs : coûts variables en fonction du volume et des remises octroyées

Partenaires clés
Fournisseurs/distributeurs belges et français

Activités clés	**Ressources clés**
• Prodiguer des conseils de qualité • Optimisation constante (études de marché, etc.)	• Ressources humaines • Finance et trésorerie

Proposition de valeur
• Conseils
• Prix compétitifs

Relation avec les clients	**Canaux de communication**
• Confiance • Fiabilité • Adaptée au client	• Mail/téléphone • Contact direct

Segments de clientèle
• Universités
• Bibliothèques
• Clientèle fidèle
• Le « tout-venant »

<table>
<tr><td colspan="2">Flux de revenus
Ventes directes de biens
(paiement au comptoir ou par facturation)</td></tr>
<tr><td colspan="2">Partenaires clés
Fournisseurs/distributeurs belges et français</td></tr>
<tr>
<td>Activités clés
• Prodiguer des conseils de qualité
• Optimisation constante (études de marché, etc.)</td>
<td>Ressources clés
• Ressources humaines
• Finance et trésorerie</td>
</tr>
<tr><td colspan="2">Proposition de valeur
• Conseils
• Prix compétitifs</td></tr>
<tr>
<td>Relation avec les clients
• Confiance
• Fiabilité
• Adaptée au client</td>
<td>Canaux de communication
• Mail/téléphone
• Contact direct</td>
</tr>
<tr><td colspan="2">Segments de clientèle
• Universités
• Bibliothèques
• Clientèle fidèle
• Le « tout-venant »</td></tr>
</table>

- **Segmentation de la clientèle. Quels sont les plus gros clients de la librairie ? Quels sont les segments touchés ? Pour qui créent-ils de la valeur ?** Dans ce cas précis, les clients les plus importants sont issus des écoles et des universités, qui envoient directement leurs étudiants s'approvisionner dans cette librairie. Les bibliothèques ainsi que des clients fidèles – essentiellement retraités – se rendent régulièrement chez eux pour bénéficier de conseils privilégiés.
  - Marché stable : les bibliothèques et la clientèle fidèle.
  - Marché à reconquérir chaque année : les universités.
  - Les particuliers ou le public « tout-venant », qui connaissent la librairie de nom ou qui s'y sont déjà rendus, et qui viennent une ou plusieurs fois par an, de manière plus ou moins aléatoire (livre ou commande spécifique, flânerie, cadeaux, etc.).
- **Les propositions de valeur. Quelle est la valeur ajoutée de la librairie ?**
  - Un conseil avisé pour la clientèle fidèle, le public « tout-venant » et les bibliothécaires.
  - Des « prix défiants toute concurrence »

pour une partie des bibliothécaires et pour les écoles/universités, soit indirectement les étudiants.

- **Les canaux de communication. Comment communique-t-elle avec ses clients ? Quels sont les canaux utilisés ?** Les canaux actuellement utilisés sont essentiellement le mail et le téléphone. Les contacts avec l'université et les bibliothèques se font généralement à distance, tandis que les libraires sont par contre en contact direct avec la clientèle qui se déplace en magasin.

- **La relation client. Quel type de relations entretient la librairie avec sa clientèle** ? Elle entretient une relation de confiance avec la clientèle fidèle ; avec les institutions telles que les bibliothèques et les universités, toutes les parties prenantes de cette relation sont privilégiées : l'entreprise est assurée de faire une économie de coûts, tandis que les bibliothèques et universités achètent leurs livres au meilleur prix. La relation client est donc adaptée en fonction du client.

- **Les flux de revenus. Pour quel service et comment les clients payent-ils ?** Il s'agit ici de vente directe de biens : les clients paient directement au comptoir, ou par facture pour les bibliothèques et universités. Ils déboursent avec l'assurance de bénéficier d'un service et d'un conseil auxquels ils sont habitués et qu'ils apprécient.

- **Les ressources clés. Quelles ressources clés les propositions de valeur de la librairie exigent-elles ?**
  - Les ressources clés d'une librairie sont avant tout des ressources humaines, d'autant plus aujourd'hui. Les clients se déplacent pour bénéficier d'un conseil et entretenir une relation privilégiée avec le libraire.
  - La deuxième ressource clé est financière (prix de vente et remises discutées avec les fournisseurs, qui ont notamment un impact sur la vente aux universités et aux bibliothèques).
- **Les activités clés. Quelles sont les activités clés induites par la proposition de valeur de la librairie ?** Pour assurer le meilleur prix aux universités et aux bibliothèques, le gérant fait régulièrement des études de marché concernant les prix et services proposés par la concurrence. Bien plus, la qualité du conseil dépend du savoir-faire des libraires.

- **Les partenaires clés. Quels sont les partenaires clés de la librairie ? Avec qui travaille-t-elle ? Quels sont les partenaires qui l'aident à créer de la valeur ?** Il existe tout un réseau de fournisseurs belges et français spécialisés avec lesquels la librairie a établi des relations fiables. Leurs enjeux économiques sont éminemment liés. Une perte des ventes chez les libraires induit bien sûr une perte de revenus chez les fournisseurs. Ceux-ci ont donc défini des grilles de commandes qu'il faut régulièrement revoir puisqu'elles ne correspondent pas toujours aux ventes réelles de la librairie (surplus de livres qu'elle ne parvient pas à écouler. Un équilibre doit donc être trouvé. D'autant plus que certains fournisseurs « bloquent » les commandes si la librairie a du retard dans ses paiements (ce qui implique bien sûr un stock moins important, qui génère dès lors moins de ventes, créant ainsi un cercle vicieux). Il est donc capital de garder une relation de confiance avec les fournisseurs. Les distributeurs jouent également un grand rôle, car il est impératif que la librairie honore ses promesses de délais de livraison. La concurrence à ce niveau est rude avec les sites de vente en ligne qui garantissent une livraison dans les deux-trois jours ouvrables. Ce point peut être amélioré puisque la librairie souffre actuellement de délais prolongés.

- **La structure de coûts. Quels sont les principaux coûts de la librairie Quelles sont les activités les plus onéreuses ?** Les commandes de livres sont passées directement par les libraires. Le responsable gère quant à lui les requêtes spécifiques des universités afin de commander en plus grosse quantité. Les coûts d'achat sont variables, car ils dépendent du volume et des remises accordées par le fournisseur : ils sont actuellement trop élevés. Les coûts salariaux sont eux aussi importants, car l'âge moyen des employés est relativement élevé.

Projet d'adaptation du business model

Lorsque les collaborateurs se retrouvent donc, tout semble possible : il leur suffit d'oser se poser les questions nécessaires à l'actualisation du business model. Ils peuvent par ailleurs entamer leur réflexion à partir de n'importe quelle case. Dans l'absolu, il faut veiller à imaginer des innovations pour chaque bloc de la matrice et, ensuite, choisir les suggestions les plus adaptées à la situation.

Ainsi, en ajoutant, enlevant, déplaçant les Post-it® qui reprennent les différentes idées de chacun, les employés de la librairie se représentent de manière plus objective le modèle, ce qui engendre de nouvelles synergies constructives.

Changements majeurs :

<table>
<tr><td colspan="2">Structure des coûts
→ Diminution des coûts</td></tr>
<tr><td colspan="2">Partenaires clés
• Partenariat avec d'autres librairies
• Nouveau distributeur pour un meilleur suivi des livraisons
• Améliorer les contacts avec les fournisseurs</td></tr>
<tr><td>Activités clés
• Ateliers de lecture
• Développement des partenariats</td><td>Ressources clés
• Formation des employés pour développer les nouvelles activités
• Site internet de qualité (commandes en ligne)</td></tr>
<tr><td colspan="2">Proposition de valeur
• Qualités des conseils clients
• Offre différente et concurentielle</td></tr>
<tr><td>Relation avec les clients
• Offre adaptée au client
• Prise en charge personnelle</td><td>Canaux de communication
• Communication plus claire
• Contact direct
• Internet (site)</td></tr>
<tr><td colspan="2">Segments de clientèle
• Écoles, professeurs, élèves
• Clientèle à mobilité réduite ou qui ne se déplace plus</td></tr>
</table>

Flux de revenus → Hausse des revenus	
Partenaires clés • Partenariat avec d'autres librairies • Nouveau distributeur pour un meilleur suivi des livraisons • Améliorer les contacts avec les fournisseurs	
Activités clés • Ateliers de lecture • Développement des partenariats	**Ressources clés** • Formation des employés pour développer les nouvelles activités • Site internet de qualité (commandes en ligne)
Proposition de valeur • Qualités des conseils clients • Offre différente et concurentielle	
Relation avec les clients • Offre adaptée au client • Prise en charge personnelle	**Canaux de communication** • Communication plus claire • Contact direct • Internet (site)
Segments de clientèle • Écoles, professeurs, élèves • Clientèle à mobilité réduite ou qui ne se déplace plus	

Cette nouvelle version du business model place le client au centre de ses préoccupations : elle cherche à optimiser la proposition de valeur, à développer la relation client, etc. Cette dernière dimension, qui est souvent oubliée ou mise de côté par les entreprises, guide intelligemment pourtant les choix stratégiques. La nouvelle configuration répond davantage aux problèmes rencontrés par la librairie car le client, dont les usages de lecture varient (du client fidèle, plus âgé, au développement d'un nouveau segment plus jeune et/ou qui ne se déplace plus), est placé au centre de la structure économique. La librairie doit principalement revoir ses activités clés (lectures, rencontres littéraires, formations des employés), sa structure des coûts (site internet, charges salariales), ses partenaires clés (distributeur, fournisseurs, concurrence), ses canaux de communication (développement du site internet), etc.

LIMITES ET EXTENSIONS DU MODÈLE

LIMITES DU MODÈLE

- **Aspect stratégique éludé.** Comme nous l'avons déjà signalé, le BMC élude l'aspect stratégique de l'entreprise. Il place au centre de son approche la proposition de valeur, en supposant que la volonté première de toute entreprise est de faire de l'argent. C'est en effet appréciable, pour ne pas dire essentiel, pour la survie des organisations, mais toutes les entreprises ne placent pas les bénéfices en première ligne. C'est le cas notamment des associations sans but lucratif. L'approche stratégique est importante pour tout développement de sociétés et ne pas en tenir compte risque de nous faire passer à côté de segments de clientèle importants, que nous n'avions peut-être pas envisagés.
- **Universalité d'application relative.** Argument développé par Philippe Moricou (professeur de stratégie à l'Institution fran-

çaise ESSCA) dans une interview menée par le site *My-Business-Plan.fr*, il semblerait en effet que le BMC s'applique plus facilement à des entreprises « monoactivité », comme les start-up, qu'à des organisations pluridisciplinaires. Le professeur l'explique par la simplicité de la matrice. En effet, des synergies possibles entre différentes activités ne rentreraient pas forcément dans les cases relativement basiques du modèle.

- **Concurrence mise de côté.** Le Business Model Canvas se focalise sur la structure et le fonctionnement interne de l'organisation, et ne prend pas – ou très peu – en compte ses paramètres externes, comme la concurrence. Intégrer la concurrence dans sa réflexion lors de l'établissement de son modèle est toutefois important, car un changement à ce niveau risque de l'affecter directement, en obligeant par exemple l'entreprise à revoir sa cible par exemple. Dans le cas que nous avons développé, la société désirait revoir son modèle économique à cause d'une concurrence devenue trop importante et qui risquait d'affecter ses propositions de valeur.

- **Analyse statique.** Le BMC ne rend pas compte de l'évolution de l'entreprise qui est étudiée : elle permet un arrêté sur image de la situation de cette dernière à un moment donné et oblitère par conséquent la vision long terme.

EXTENSIONS DU MODÈLE

La matrice BCG pour orienter la stratégie

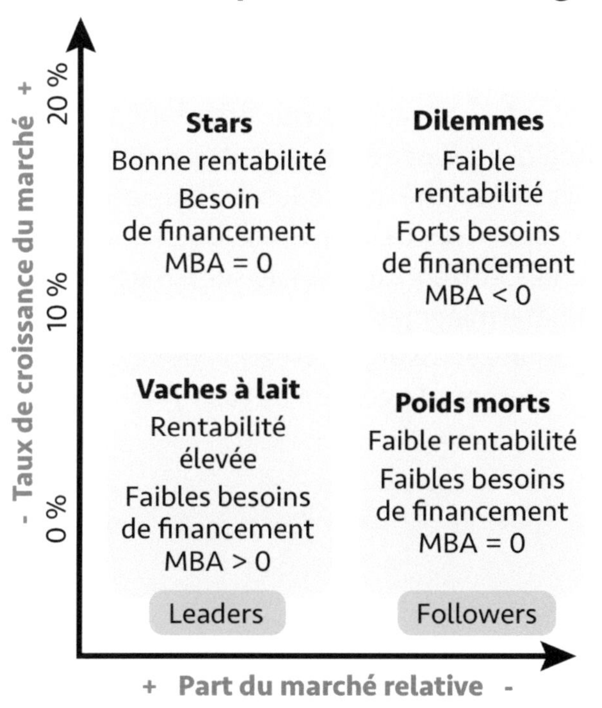

Puisque le BMC connaît certaines limites – dont notamment celle sur le manque de la dimension stratégique –, il est intéressant de se demander dans quelles mesures il serait pertinent de combiner l'outil avec d'autres pour sublimer leur complémentarité.

En s'appuyant sur les quatre types de domaines d'activités stratégiques (DAS, soit les stars, les dilemmes, les vaches à lait, les poids morts), ce modèle peut compléter le BMC qui ne tient pas compte de ces réalités qui orientent les choix stratégiques. L'idée de BCG est d'évaluer d'un côté la part de marché du produit et, d'un autre côté, les perspectives de croissance du produit sur le marché. L'entreprise s'appuie sur ces paramètres pour déterminer les priorités dans le portefeuille de produits et assurer la création de valeur à long terme ainsi que la gestion de *cash-flow*.

Le modèle des 5 forces de Porter pour dépasser la concurrence

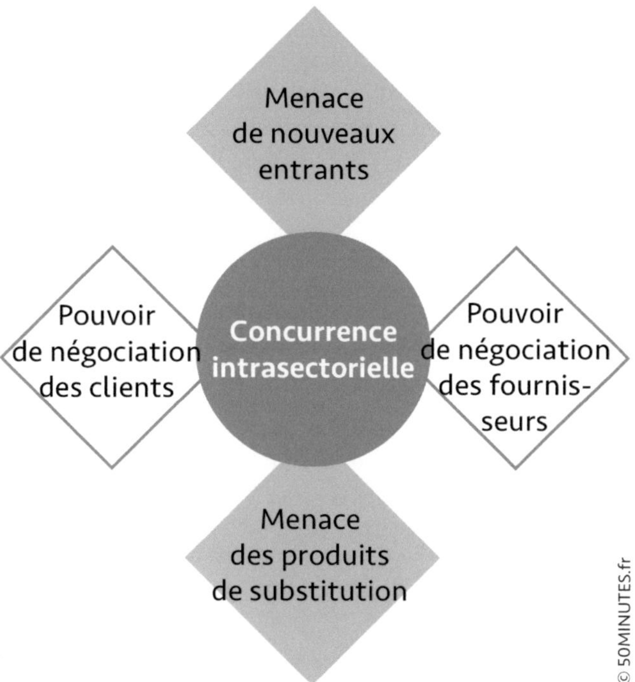

Les 5 forces de Porter permettent de déterminer l'attractivité d'une industrie. Le postulat de départ est que les entreprises recherchent un avantage concurrentiel qui se mesure à leur capacité à générer du profit ou à capter des ressources. Ces cinq forces sont : les entrants potentiels (ceux qui peuvent entrer sur le marché et constituer une menace), les produits de substitution (produits directement en concurrence), les clients et distributeurs, ainsi que les fournisseurs (qui détiennent tous un pouvoir de négociation).

EN RÉSUMÉ

En quelques mots, voici ce que vous devez retenir du Business Model Canvas.

- Le BMC est issu du livre *Business Model Nouvelle Génération. Un guide pour visionnaires, révolutionnaires et challengers*, coécrit par Alexander Osterwalder et Yves Pigneur en 2011.
- Il s'agit d'un modèle pratique, très simple d'utilisation et directement applicable. Convivial, il implique tous les échelons hiérarchiques de la société mais convient davantage aux start-ups qu'aux grandes entreprises.
- La matrice repose sur la proposition de valeur à fournir aux clients. Les neuf blocs qui la composent s'imbriquent et c'est à partir des synergies qui se créent que s'élabore le modèle économique :
  ○ les activités clés ;
  ○ les partenaires clés ;
  ○ les ressources clés ;
  ○ la segmentation des marchés ou de clientèle ;
  ○ les canaux de communication ;
  ○ la relation client ;

- ○ le produit ou la proposition de valeur ;
  - ○ la structure des coûts ;
  - ○ les flux de revenus.
- L'emploi des Post-it® stimule la créativité, car ceux-ci peuvent être déplacés à loisir lors d'un *workshop*, par exemple. Ce dernier mobilise les différents acteurs qui participent à la réflexion sur la création de valeur de l'entreprise. Le but est ici de se rendre compte des diverses mesures à mettre en place afin de déployer un plan concret directement applicable.
- Les auteurs font plusieurs recommandations importantes : il faut s'assurer de la légitimité de la démarche, faire ressortir une vue globale du modèle, envisager un médiateur pour animer les débats, faire un bilan de la situation actuelle et déterminer des responsables en charge de la concrétisation du projet.
- Comme nous l'avons vu dans l'exemple concret de la librairie, la relation et les propositions de valeur aux clients occupent une place fondamentale dans ce canevas. Les auteurs mettent cependant en garde les dirigeants d'entreprise : il ne faut pas craindre d'être trop ingénieux, il faut mobiliser un maximum de personnes dans la conception du BMC et partir

de ce que l'on connaît sans faire table rase du passé sous peine de rencontrer des problèmes importants de cohérence.

- Attention toutefois, car cet outil peut connaître quelques limites, comme les visions stratégique et concurrentielle qui sont mises de côté. Accompagnez-le dès lors d'un business plan pour n'oublier aucun détail !

Votre avis nous intéresse !
Laissez un commentaire sur le site de votre
librairie en ligne et partagez vos coups de cœur sur
les réseaux sociaux !

POUR ALLER PLUS LOIN

SOURCES BIBLIOGRAPHIQUES

- « Business Model – Nouvelle Génération : Un guide pour visionnaires, révolutionnaires et challengers d'Alexander Osterwalder et d'Yves Pigneur », in *Créativité.net*, consulté le 20 juillet 2015. http://www.creativite.net/business-model-nouvelle-generation-alexander-osterwalder-yves-pigneur/

- « Philippe Mouricou vous dit tout sur le Business Model Nouvelle Génération », in *My-Business-Plan. fr*, juin 2013, consulté le 8 juillet 2015. http://www.my-business-plan.fr/ interview-philippe-mouricou-businessmodel

- KOTLER (Philip), KELLER (Kevin) et MANCEAU (Delphine), *Marketing Management*, 14e édition, Pearson, 2012.

- MENIN-URIEN (Gaëlle), « 2013, action commerciale – Conseil 6 : apportez de la valeur ajoutée ! », in *Le Blog du Manager commercial*, décembre 2012, consulté le 20 juillet 2015. http://www.management-commercial. fr/2012/12/21/2013-quelle-action-commerciale-apportez-de-la-valeur-ajoutee/

- OSTERWALDER (Alexander) et PIGNEUR (Yves), *Business Model Nouvelle Génération. Un guide pour visionnaires*, révolutionnaires et challengers, Pearson, 2011.

- UCM, « Le Business Model Canvas. Un outil stratégique pour l'entreprise », in *ucm.be*, consulté le 8 juillet 2015.
http://www.ucm.be/Entreprendre/Le-Business-Model-Canvas-Un-outil-strategique-pour-l-entreprise

- UNIVERSITÉ DE LAUSANNE, « Yves Pigneur », in *Facultés des Hautes Études Commerciales*, consulté le 20 juillet 2015.
https://hec.unil.ch/people/ypigneur

SOURCES COMPLÉMENTAIRES

- JOHNSON (Gerry), SCHOLES (Kevan), WHITTINGTON (Richard) et FRERY (Frédéric), *Stratégique*, 9e édition, Paris, Pearson Education, 2011.

- Site du Business Model Canvas.
http://www.businessmodelgeneration.com/canvas/bmc

- Site d'Alexander Osterwalder.
http://alexosterwalder.com/

VIDÉOS

- « Business model Canvas explained », in *Youtube.com*, septembre 2011.
https://youtu.be/QoAOzMTLP5s

- « Osterwalder explaining the Business Model Canvas », in *Youtube.com*, mai 2012.
https://www.youtube.com/watch?v=RzkdJiax6Tw

VOUS VOULEZ ALLER ENCORE PLUS LOIN ?

Vous souhaitez twitter avec Alexander Osterwalder ? Suivre son cours en ligne ou encore l'engager comme conférencier ? C'est possible ! Rendez-vous sur son site.

ISBN ebook : 978-2-8062-6924-9

ISBN papier : 978-2-8062-6925-6

Dépôt légal : D/2015/12603/400

Couverture : © Primento

Conception numérique : Primento, le partenaire numérique des éditeurs